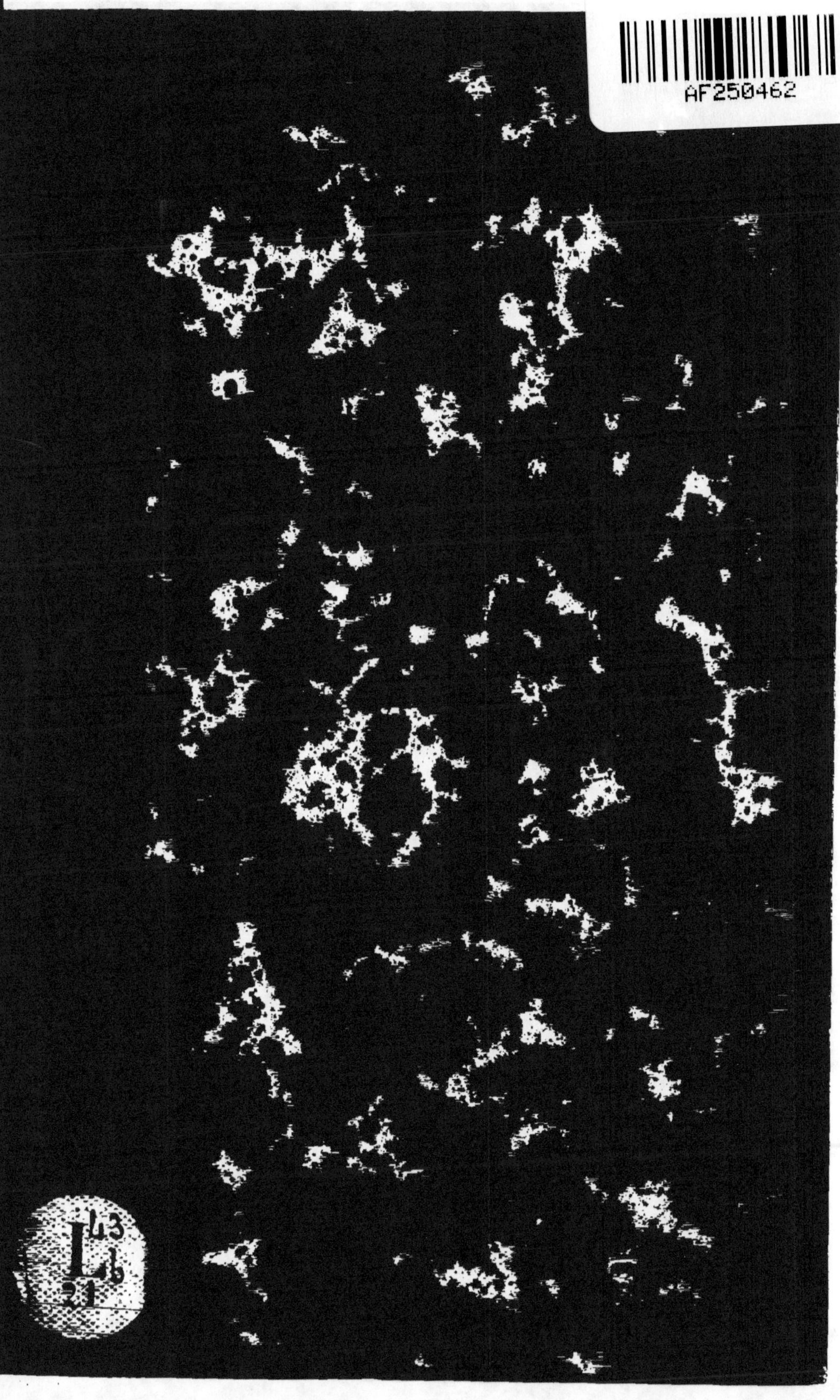

AF250462

27 43 21

TRÈS-HUMBLE RÉPONSE

DE

VICTOR-FRANÇOIS PERRIN

DUC DE BELLUNE.

Imprimerie de HENNUYER et Cᵉ, rue Lemercier, 24. Batignolles.

TRÈS-HUMBLE RÉPONSE

DE

VICTOR-FRANÇOIS PERRIN

DUC DE BELLUNE

AU TRÈS-FIER PLAIDOYER

DE M. ***

DÉFENSEUR OFFICIEUX

DE

M. A. THIERS

HISTORIEN DU CONSULAT ET DE L'EMPIRE.

BIBLIOTHÈQUE ROYALE

PARIS

DUMAINE, LIBRAIRE,   AMYOT, LIBRAIRE,   TRUCHY, LIBRAIRE,
RUE DAUPHINE, 36.   RUE DE LA PAIX, 6.   BOULEV. DES ITALIENS, 18.

1847

AVERTISSEMENT.

Nous avons publié, il y a sept mois (¹), une relation de
la campagne de l'armée de Réserve, suivie de quelques remarques sur le récit de cette même campagne fait par
M. A. Thiers dans son *Histoire du Consulat et de l'Empire.*
Depuis lors, aucune voix ne s'étant élevée pour contredire
soit notre relation, soit nos remarques, il nous était permis
d'attribuer ce silence au mérite de notre ouvrage ou à sa
nullité, à l'impuissance ou au dédain des critiques : nous
avions le choix. Notre opinion n'était pas encore bien fixée
sur ce point difficile, lorsqu'on nous prouva, le 24 mars
dernier, que nous ne méritions *ni cet excès d'honneur ni
cette indignité.* Ce jour-là donc on nous apporta de chez
MM. Firmin Didot le n° 2 de la *Nouvelle Revue encyclopédique*
(février 1847); comme nous ne sommes point abonné à
cette publication, nous ne savions trop à qui nous étions
redevable de cet envoi ; mais en la feuilletant, nous aper-
çumes notre nom plusieurs fois répété, et la lecture de
quelques passages nous mit bientôt au fait. Le lendemain,
nous écrivîmes à MM. Firmin Didot une lettre dont voici la
copie fidèle :

(¹) A la librairie militaire de J. Dumaine, rue et passage Dauphine, 36.

Paris, 25 mars 1847.

« Messieurs, on m'a remis hier un numéro de la *Nou-*
« *velle Revue encyclopédique*, qui contient une réfutation de
« quelques-unes des remarques faites par moi, dans un
« livre publié il y a sept ou huit mois, sur le récit de la
« campagne de l'armée de Réserve par M. A. Thiers. Cette
« réfutation me semble un peu tardive et fort incomplète :
« j'y répondrais néanmoins tout de suite, si l'ouvrage dont
« je m'occupe en ce moment m'en laissait le loisir. — Mon
« critique anonyme voudrait-il bien me faire l'honneur
« de venir chez moi ou me donner un rendez-vous chez
« lui?... Nous discuterions ensemble les points en ques-
« tion, et ce débat loyal ne pourrait qu'être profitable à la
« vérité. — Vous devez connaître, Messieurs, l'auteur de
« l'article inséré dans votre Revue ; je vous prie donc de lui
« communiquer ma proposition et de me faire savoir le ré-
. « sultat de cette démarche : vous m'obligerez beaucoup.
« J'ai l'honneur d'être, etc.

« Duc de Belluxe. »

Huit jours se sont écoulés et la réponse à cette lettre ne
nous est point encore parvenue ; nous en concluons que le
défenseur officieux de M. Thiers, au lieu d'accepter notre
défi, veut s'envelopper plus que jamais dans son inco-
gnito, et, comme nous avons lieu de craindre qu'il ne fasse
passer la prolongation de notre silence pour un aveu de
notre défaite, nous nous décidons à suspendre notre travail
de prédilection et à répliquer ainsi qu'il suit, paragraphe
par paragraphe, au plaidoyer de cet avocat mystérieux.

TRÈS-HUMBLE RÉPONSE

A

UN TRÈS-FIER PLAIDOYER.

M. ***.

« Dans un livre récemment publié, on a donné une rela-
« tion de la campagne de 1800 en Italie, et l'on a relevé, dans
« le récit fait par M. Thiers de cette même campagne, des er-
« reurs plus ou moins graves ; on a pris la peine de les comp-
« ter, et l'on en a trouvé cent deux. C'est beaucoup, sans
« doute ; et s'il est démontré que M. Thiers est coupable de
« ces cent deux erreurs, on sera en droit de conclure que son
« livre mérite peu de créance... L'auteur, placé dans les con-
« ditions où s'est trouvé M. Thiers, pouvant puiser à toutes
« les sources, même à celles qui sont fermées à d'autres écri-
« vains...., l'auteur, disons-nous, serait inexcusable d'avoir
« fait son livre avec une telle légèreté, et d'avoir, pour vendre
« son ouvrage, spéculé sur l'autorité de son nom. »

Nous oserons avouer à l'anonyme que nous avons
trouvé dans le récit de M. Thiers trois ou quatre
cents erreurs, et que nous nous sommes borné à
en signaler une centaine, uniquement pour ne pas
trop abuser de la patience des lecteurs. Jamais historien n'a été placé dans des conditions plus favorables
que M. Thiers, nous le reconnaissons ; mais jamais
historien n'en a plus mal profité, du moins dans le

chapitre dont il s'agit; nous l'avons prouvé et nous le prouverons encore.

Nous admettons toutes les conséquences que l'anonyme nous autorise à tirer des nombreuses et graves erreurs de son illustre client, sauf la dernière : nous avons une répugnance invincible à croire qu'un homme d'un talent aussi supérieur puisse spéculer sur son nom, se faire, par amour du lucre, brocanteur de mensonges, et cette supposition seule nous paraît, dans la bouche du défenseur officieux, une *maladresse* et une *inconvenance*.

« Les erreurs attribuées à **M**. Thiers sont de deux natures :
« les unes portent sur la conception ou la direction même
« des opérations militaires ; les autres sur les détails d'exécu-
« tion. »

Nous avons cité les erreurs de M. Thiers tout bonnement, au hasard, sans aucune distinction de nature ; celle que l'anonyme établit ici prouve son extrême sagacité, et nous suivrons désormais son exemple, autant que notre faiblesse pourra nous le permettre ; *vestigia longè...*

« Nous n'avons ni la facilité (aveu naïf et précieux !), ni
« l'intention (que veut-il donc ?) d'entreprendre une réfutation
« complète des reproches adressés à **M**. Thiers. Ce qui tient
« aux détails pourrait sans doute s'expliquer par les diffé-
« rences, les contradictions que présentent les rapports des
« divers chefs de corps, les relations des généraux des deux
« partis. M. Thiers a pesé les témoignages, nous aimons à le
« croire, et s'est décidé pour ceux qui lui ont paru les plus
« véridiques. »

Déclarer qu'on ne réfutera point est un mode de réfutation dont personne ne s'était encore avisé ; il fait le plus grand honneur au génie inventif et logique de l'anonyme ; mais il nous autorise à dire comme Mme Dacier, de savante mémoire : Nos remarques subsistent.

L'anonyme *aime à croire !* Il n'y a rien à répondre à un argument de cette force-là ! Eh ! bon Dieu, et nous aussi, Monsieur, nous aurions aimé à croire avec vous ; mais nous avons été obligé de croire précisément tout le contraire, et nous vous dirons pourquoi.

« Il peut plaire à un autre écrivain d'admettre les témoi-
« gnages que M. Thiers a rejetés. On peut se procurer ainsi
« le plaisir de contredire ; mais, parfois, on court le risque
« de montrer peu de discernement. »

Non, Monsieur, un historien n'est pas maître de prendre ou de laisser à son gré tels ou tels témoignages ; il en est dont l'autorité est si imposante et si impérieuse qu'ils annulent tous les autres, et ne permettent point à l'écrivain consciencieux la liberté du choix : or, ce sont des documents de cette espèce que nous avons adoptés et que M. Thiers a rejetés, comme nous vous le démontrerons bientôt à l'aide même de vos propres aveux.

Nous vous gratifions, Monsieur, d'autant de discernement que vous nous en accordez peu ; mais vous auriez dû, ce nous semble, au moins par charité, éclairer notre obscure judiciaire, en développant un peu plus vos lumineuses raisons; vous n'avez pas daigné le faire ; vous avez sans doute jugé la chose impossible et désespéré de notre état ; nous nous en plaignons, et nous en sommes plus ou moins mortifié.

« Nous ne répondrons ici qu'à quelques-unes des accusa-
« tions ayant pour but de prouver que M. Thiers aurait sub-
« stitué sa propre imagination aux plans du premier Consul,
« inventé des projets qui n'auraient point existé, etc. »

Quelle touchante modération ! quels généreux ménagements ! Sur nos cent observations l'anonyme ne répondra *qu'à quelques-unes* (¹) ! » Un pareil procédé nous pénètre d'attendrissement et de reconnaissance ; tout lecteur sensible partagera notre émotion, nous en sommes persuadé, et n'en répétera pas moins avec nous et avec cette excellente Mme Dacier : Les remarques subsistent.

« Ce dont on n'ose point accuser ici expressément l'histo-
« rien du Consulat et de l'Empire, et, ce qui est pourtant
« la pensée manifeste du livre dont nous parlons, c'est de
« n'avoir pas appris au monde qu'on a jusqu'ici attribué
« faussement au premier Consul la victoire de Marengo, et
« que l'honneur en doit revenir tout entier au général Victor,
» ce que personne encore n'avait soupçonné. »

Votre discernement est extraordinaire, Monsieur, c'est convenu ; mais, à notre grand regret, nous ne pouvons en dire autant de votre bonne foi. Dans notre relation de la bataille de Marengo, nous nous sommes attaché à rendre à chacun des acteurs de ce

(¹) **Son style est dur, d'accord, mais fort de choses!** VOLT.

drame héroïque la part de gloire qui lui est due ; nous l'avons fait avec chaleur et plénitude pour les compagnons d'armes du général Victor, avec simplicité et retenue pour le général Victor lui-même, parce que nous écrivions, pour ainsi dire, sous sa dictée, et que nous aurions cru offenser la mémoire de ce guerrier, dont une des principales vertus était la modestie, si nous avions parlé de lui avec moins de réserve. Vous nous prêtez donc, Monsieur, des intentions diamétralement opposées à celles qui nous animaient, intentions manifestées avec tant d'évidence que tous nos lecteurs, excepté vous, et pour cause, en ont été frappés. — Dans nos observations sur le récit de M. Thiers, nous avons signalé les nombreux passages où cet écrivain s'efforce de dénigrer les services, non-seulement du général Victor, mais des braves troupes à ses ordres ; en rétablissant des faits que l'historien du Consulat a dénaturés avec la partialité la plus mesquine et la plus blâmable, nous avons obéi à la justice et au devoir. — M. Thiers omet le nom de Victor parmi ceux des généraux qui se sont le plus distingués ; nous nous bornons à lui opposer Bonaparte, qui place ce nom en première ligne : ce témoignage de Bonaparte, nous l'avouons ingénument, nous console de n'avoir point celui de M. Thiers, si retentissant qu'il puisse être dans le monde ; il nous dédommage même, nous avons, Monsieur, la naïveté de vous le confesser, il nous dédommage de vos assertions tant soit peu mensongères et de votre persiflage tant soit peu ridicule.

« Nous ne voulons assurément amoindrir en aucune façon
« la part de gloire et d'honneur méritée par les généraux de
« la République et de l'Empire. Mais notre estime ne va pas
« jusqu'à croire que Napoléon ait confisqué à son profit les
« exploits de ses lieutenants. Il est malheureusement trop
« réel, trop avéré que quand ces lieutenants s'écartaient des
« instructions de leur souverain, ou se trouvaient forcés d'agir
« d'après leurs propres inspirations, ils n'ont fait, la plupart
« du temps, que des fautes, éprouvé que des défaites... »

Ce paragraphe est un modèle de convenance et
d'équité qu'on ne saurait trop admirer. L'anonyme
nous représente les généraux de la République et de
l'Empire comme des limiers qui giboyaient passable-
ment à la voix et sous le fouet du maître, mais qui
faisaient défaut dès que ces stimulants venaient à
leur manquer : son estime pour eux va jusque-là.
Il est heureusement très-réel et très-avéré que les généraux de la République, dont Napoléon fit ses prin-
cipaux lieutenants, avaient conquis à la France les
frontières du Rhin et des Alpes avant de passer sous
les ordres de Bonaparte, et qu'ils durent ensuite à
leurs seules inspirations les victoires de Bergen, de
Zurich, d'Auerstaëd, d'Espinosa, de la Corogne, d'U-
clès, de Médellin, d'Ocana, de Raab, etc.

« M. Thiers regarde comme une ruse de guerre la désigna-
« tion qui fut faite par Bonaparte de la ville de Dijon pour
« point de rassemblement de l'armée de réserve, etc... M. de
« Bellune affirme que Bonaparte ne chercha pas à tenir se-
« crète la formation de l'armée de réserve, etc... Tous ceux qui
« ont écrit avant M. de Bellune la campagne de 1800, s'ac-
« cordent à dire que la formation de l'armée de réserve fut

« combinée de manière à attirer l'attention des étrangers sur
« Dijon, et à les tromper. (Suivent d'assez longues citations de
« MM. Thibaudeau, Bignon, Jomini et d'une relation autri-
« chienne). Nous demanderons si après des paroles aussi po-
« sitives, émanant de pareilles autorités, en supposant même
« que ces autorités se soient trompées, M. Thiers est bien cou-
« pable d'avoir cru à une ruse de guerre... »

Après son long préambule, l'anonyme arrive enfin
à ce qu'il appelle sa réfutation. Sur nos cent deux remarques, il a trié, sans nul doute, celles qui lui ont
paru de nature à rendre sa tâche plus facile, et nous
n'avons qu'à nous bien tenir : attention donc !...

M. Thiers regarde... Il peut avoir mal vu... *M. de
Bellune affirme...* Quant à M. de Bellune, il n'affirme rien du tout ; c'est Bonaparte, c'est Berthier,
c'est Dupont, c'est Dubreton, ce sont les états de situation des corps qui affirment que M. Thiers a mal
vu en effet, et qui lui donnent tous le démenti le plus
formel. Si cet historien, au lieu de s'en rapporter à
des auteurs quelconques, s'était donné la peine de
consulter, au dépôt de la guerre, les pièces relatives
à la campagne de l'armée de réserve, il aurait évité
l'erreur dans laquelle il est tombé et beaucoup d'autres encore. M. Thiers, nous a raconté la personne
la mieux informée et la plus digne de foi, M. Thiers
avait annoncé, dans le temps, qu'il viendrait prendre
des renseignements au dépôt ; et vite on nettoya les
cartons, on classa, étiqueta, analysa les pièces, on dé-
signa même un officier de savoir et d'expérience pour
aider l'illustre écrivain dans ses recherches conscien-

cieuses..... Tout cela, peine perdue : M. Thiers trouva apparemment trop long le chemin de Notre-Dame-de-Lorette à la rue de l'Université, et il fit sa campagne à son aise, et il se trouva que ce n'était point celle de l'armée de réserve, et nous nous sommes permis de le dire, et voilà tout : à qui la faute? L'anonyme ne se le dissimule point; il réclame seulement pour son client le bénéfice des circonstances atténuantes!...

Parlez-nous d'une réfutation dans ce genre-là! Il est doux et benin l'anonyme... Passons outre.

« Suivant M. Thiers, le général autrichien Mélas aurait fixé
« deux points de concentration à ses troupes : Alexandrie,
« aux troupes qui étaient dans le haut Piémont ; Plaisance, à
« celles qui étaient autour de Gênes. M. de Bellune nie le fait
« en ce qui touche Plaisance, où, selon lui, Mélas n'aurait en-
« voyé qu'une brigade. M. de Bellune est, en cela, contredit
« par les documents autrichiens que lui-même a recueillis...
(Suit un passage d'une relation autrichienne qui dit en effet
que Mélas envoya O'Reilly à Plaisance et donna la même des-
tination à tout le corps de blocus de Gênes.)

1° Si M. de Mélas, ne pouvant se tirer d'affaire que par une bataille et n'ayant plus que 40,000 hommes environ de troupes actives, en avait gardé 20,000 à Alexandrie, et en avait envoyé 20,000 à 25 ou 30 lieues de là, à Plaisance, il eût commis la plus grossière de toutes les bévues, c'est évident : on ne peut donc point l'en accuser sans preuves, et sans preuves bien authentiques.

2° Nous avons publié les nombreux documents français et étrangers par nous recueillis, non point pour qu'on les admît tous avec la même confiance, mais pour qu'on pût faire le travail que nous avons fait nous-même, c'est-à-dire comparer, juger, choisir, et s'assurer ainsi du soin plus ou moins scrupuleux, de la sollicitude plus ou moins éclairée du narrateur.

3° Les documents autrichiens relatifs au fait en question se composent de plusieurs lettres de Mélas à ses généraux et au Conseil aulique, d'un extrait du Journal militaire autrichien, et d'un extrait de l'ouvrage allemand intitulé : *Histoire des guerres européennes*. Parmi ces documents, quels sont ceux qui doivent être préférés par l'historien ? La réponse ne saurait être douteuse ; ce sont les lettres de Mélas : or, elles ne parlent que de la concentration de l'armée impériale à Alexandrie, *pour livrer bataille, pour porter le coup décisif*. Le Journal militaire rapporte les ordres donnés en conséquence. L'auteur des *Guerres européennes* prétend seul que le corps de blocus de Gênes reçut l'ordre de se diriger sur Plaisance ; mais cet écrivain se contredit bientôt après en affirmant que le général Ott, arrivé à Voghera, marcha de lui-même sur Plaisance dans l'espoir d'arracher cette ville aux Français. Cette contradiction achève de rendre son témoignage inadmissible, et nous l'avons rejeté pour nous en tenir aux dépêches du général en chef Mélas, pièces irrécusables.

Un anonyme doué d'une sagacité pareille à la vôtre, Monsieur ***, ne pouvait se tromper là-dessus : pourquoi donc avez-vous passé sous silence les lettres de Mélas, l'extrait du Journal militaire, et avez-vous été choisir, pour nous l'opposer, un document sans autorité? Afin de nous faire niche, n'est-ce pas?... Eh, eh! le procédé est assez drôle, mais peu loyal : nous nous tenons pour averti.

« Bonaparte, dit M. Thiers, après la reddition de Gênes,
« était moins pressé de rencontrer les Autrichiens. M. de Bel-
« lune ne trouve pas la raison concluante, et prétend que le
« premier Consul tint une conduite parfaitement opposée aux
« intentions que lui prête M. Thiers. Cependant la raison a
« paru concluante à MM. Thibaudeau, Bignon, Jomini et
« même à l'historien anonyme des guerres européennes, que
« cite complaisamment M. de Bellune. Ce n'est pas la pre-
« mière fois, on l'a vu déjà, que M. de Bellune se trouve en
« contradiction avec ses pièces justificatives ; ce n'est pas la
« dernière non plus. »

A toutes les autorités que vous mettez en avant, mystérieux défenseur, nous ne pouvons en opposer qu'une seule, celle de Bonaparte. Veuillez bien lire ses lettres, puisque nous les avons fait imprimer, et vous verrez que, le 19 prairial, dans l'après-midi, au moment même où il apprit d'une manière positive, par une dépêche interceptée de Mélas, la nouvelle de la reddition de Gênes, il donna l'ordre de presser le passage du Pô, et de marcher au plus vite à la rencontre de l'ennemi... Que dites-vous de cette raison-là ?... Ne vous semble-t-elle pas un peu plus concluante que les vôtres, puisque concluante il y a ?...

Nous citons complaisamment, dites-vous, l'historien des guerres européennes : avec votre permission, nous ne l'avons pas cité une seule fois dans notre livre, comme il est facile à chacun de s'en convaincre, et, de votre propre aveu, deux fois déjà nous avons mis de côté son témoignage. Mais c'est vous, Monsieur, qui en parlez avec complaisance, et, franchement, cela nous paraît fort suspect. Vous nous avez tout l'air de méditer quelque trait contre nous, à l'aide de cet Allemand : heureusement nous sommes sur nos gardes.

Votre pointe finale est charmante et nous vous en faisons compliment : *Ce n'est pas la première fois... Ce n'est pas la dernière...* Joli, très-joli. Nous voyons avec plaisir que vous commencez à vous dérider ; si vous aimez à rire, parbleu, Monsieur, vous avez trouvé votre homme ; nous rirons ensemble, et, au lieu d'assoupir notre auditoire comme nous le faisons depuis une heure, peut-être parviendrons-nous à l'égayer.

« M. Thiers trouve admirable le choix que fit Bonaparte de
« la position de Stradella. M. de Bellune raille cette admira-
« tion pour une superbe combinaison, dont tout l'honneur,
« dit-il, appartient à M. Thiers. M. de Bellune n'est pas juste ;
« il dépouille, au profit de M. Thiers, le général Jomini. » (Suit
une citation.) — « Sans même recourir à cet écrivain mili-
« taire, qu'il paraît ne point connaître, M. de Bellune aurait
« pu lire, page 372 de son propre livre, un bulletin de l'armée
« de réserve, où il est parlé de la réunion de l'armée fran-
« çaise dans la célèbre position de Stradella, dont l'ennemi
« sent toute l'importance ; Mais M. de Bellune n'a vraisem-
« blablement pas eu le loisir de lire ce qu'il imprimait. »

Depuis bientôt huit mois, nous nous félicitions

BIBLIOTHEQUE ROYALE

d'être sorti de cet éternel défilé de la Stradella, et voilà qu'il faut encore nous y enfoncer à la suite de ce monsieur !... C'est contrariant, mais enfin on nous provoque, on nous raille ; affrontons donc, pour la dernière fois, le terrible passage.

De quoi s'agit-il ici ? C'est de savoir, non pas si la position de Stradella est importante, est célèbre, mais si Bonaparte, après de longues méditations, l'a choisie, oui ou non, pour y concentrer son armée et y attendre l'ennemi. M. Thiers dit oui, dans son livre; Bonaparte dit non, dans ses quatre lettres à Berthier, en date du 19 prairial; nulle autorité ne peut prévaloir contre celle-ci, et la question est décidée.

Quant au bulletin qu'on nous oppose si triomphalement, nous rappellerons à l'anonyme qu'un bulletin est pour tout le monde, et qu'un général en chef peut se trouver dans l'obligation de ne pas mettre tout le monde dans sa confidence. Si Berthier, ayant un bulletin à faire le 18 prairial au soir, avait écrit :
« L'armée est dans une situation critique ; une crue
« subite du Pô a tout à coup interrompu le passage,
« la division Lannes et une partie de la division
« Chambarlhac sont seules sur la rive droite ; elles
« peuvent être attaquées d'un moment à l'autre par
« l'ennemi, dont nous ignorons complétement les
« forces et les projets... » Berthier aurait dit l'exacte vérité et fait une énorme sottise; aussi s'en garda-t-il bien, et il mit simplement dans son bulletin : « Le
« 17, le général Lannes a passé le Pô au village de
« Belgiojoso et a occupé sur-le-champ la célèbre po-

« sition de Stradella, et, par là, la seule route qui
« restait à l'ennemi pour ses communications se
« trouve interceptée. Cependant l'ennemi, sentant
« l'importance de la position de Stradella, a réuni
« ses postes et a attaqué le général Lannes, etc. (¹) »

A propos, Monsieur l'anonyme, ce bulletin qui, selon vous, parle de la réunion de l'armée à Stradella, n'en dit pas un mot. Il paraît que si nous n'avons pas le loisir de lire nos pièces justificatives, vous avez, vous, une singulière facilité pour les arranger à votre guise. Du reste, votre phrase est très-facétieuse, et vous n'en resterez point là, nous l'espérons; éveillez-vous, lecteurs! nous allons bien nous divertir...

« Suivant M. Thiers, Bonaparte aurait écrit à ses lieutenants :
« Concentrez-vous à la Stradella... Le 8, le 9 au plus tard,
« vous aurez sur les bras 15 ou 18,000 Autrichiens venant de
« Gênes ; portez-vous à leur rencontre, écrasez-les...» M. de
« Bellune demande malicieusement où M. Thiers a trouvé
« ces instructions que lui, M. de Bellune, ne connaît point.
« Nous ne savons pas positivement où M. Thiers a trouvé ces
« instructions ; mais nous les lisons, au moins en partie,
« dans une lettre de Bonaparte à Berthier, datée de Milan,
« 19 prairial, 4 heures du matin : «Tenez pour bien sûr que
« le 20, au plus tard, Stradella sera attaquée par 20,000 hom-
« mes ;... ordonnez-lui (au général Lannes) de se tenir, avec
« le reste de sa division, très à portée de Stradella. Faites re-

(¹) Lannes fut attaqué par quatre ou cinq bataillons qui venaient de Valence et se rendaient à Plaisance pour garnir cette place. Berthier, fort inquiet et ne sachant absolument rien de l'ennemi, remplissait son bulletin tant bien que mal : ce fut seulement dans la journée du 19 que Bonaparte connut la véritable situation des Impériaux par un courrier intercepté du général en chef Mélas.

« connaître, du côté où sont vos pontons, une position concen-
« trée... ». — Si M. de Bellune est curieux de consulter cette
« lettre, nous voulons bien lui indiquer où il la découvrira :
« c'est à la page 375 de son livre. »

Nous remercions cordialement l'anonyme de s'être donné la peine de confirmer ici avec tant d'évidence toutes nos assertions. *Il ne sait pas positivement où M. Thiers a trouvé ces instructions;* c'est bien comme nous : il cite une lettre de Bonaparte, qui dit précisément le contraire de ce que lui prête son inventif historien ; nous n'aurions pu mieux faire. Écoutons tour à tour M. Thiers et Bonaparte :

M. Thiers, *à Berthier, Lannes, Murat.* Concentrez-vous à la Stradella !

Bonaparte, *à Berthier.* Ordonnez à Lannes de se tenir, avec le reste de sa division, très à portée de Stradella. — C'est déjà un peu différent.

M. Thiers. Le 8, le 9 au plus tard, vous aurez sur les bras, etc. Portez-vous à leur rencontre, écrasez–les !

Bonaparte. Tenez pour sûr, que le 20 au plus tard, Stradella sera attaquée, etc. Faites reconnaître, du côté où sont vos pontons, une position concentrée *qui puisse servir de retraite.* (Nous rétablissons la fin de la la phrase que l'anonyme a remplacée par des points, pure espiéglerie.)

Ainsi, M. Thiers crie : En avant! et Bonaparte crie : En arrière ! Ce n'est pas tout à fait la même chose... qu'en pense l'anonyme (¹)?...

(¹) Pour se rendre raison des dispositions prescrites dans cette lettre, il faut se rappeler qu'au moment où Bonaparte l'écrivit (4 heures du ma-

Par exemple, nous repoussons l'accusation de malice qu'il lance contre nous : nous sommes la bonhomie et la patience même; nous le prouvons avec surabondance, par le travail auquel nous nous livrons en ce moment. C'est bien plutôt ce perfide inconnu qui s'est rendu coupable, à notre endroit, des plus noires malices; il dénature nos paroles, il altère les faits et les documents, il tronque la seule lettre de Bonaparte qu'il cite, et il en supprime trois autres beaucoup plus importantes, car elles prouvent, clair comme le jour, ce que nous avons avancé, savoir : que M. Thiers a fait dire et exécuter à Bonaparte tout le contraire de ce que Bonaparte a dit et exécuté.

Il nous serait impossible de pardonner à l'anonyme tant de méfaits, sans le délicieux passage qui termine son paragraphe : *Si M. de Bellune est curieux de consulter cette lettre, nous voulons bien lui indiquer où il la découvrira, c'est à la page 375 de son livre!...* — Non, jamais anonyme n'a manié l'arme piquante de la plaisanterie avec plus de légèreté, de grâce, d'esprit, et surtout d'à-propos! Aussi, loin de lui en vouloir, partageons-nous de grand cœur son aimable hilarité, et, au lieu de reproches, lui adressons-nous des actions de grâces.

tin), il était dans une ignorance absolue de la situation de l'ennemi ; il le supposait en mesure d'attaquer, et n'était pas sans inquiétude à l'égard du peu de troupes françaises qui se trouvaient sur la rive droite du Pô, tandis que tout le reste était retenu sur la rive gauche par la crue subite du fleuve. — Dans la journée, le premier Consul sut à quoi s'en tenir, et tout changea de face, comme nous l'avons dit et prouvé dans nos observations sur le récit de M. Thiers.

« M. de Bellune ne veut pas qu'après la bataille de Monte-
« bello, Bonaparte soit revenu à Stradella, y ait passé deux
« jours pour réunir ses troupes, et que le 12 juin, surpris de
« ne pas voir paraître les Autrichiens, il soit parti pour les
« chercher. Il ne voit là que des rêveries de M. Thiers prêtant
« ses idées au premier Consul. M. Thibaudeau et M. Jomini
« avaient-ils donc aussi le vertige, lorsqu'ils racontaient les
« mêmes faits, et ont-ils aussi écrit tout le contraire de ce que
« dit Bonaparte?... »

Nous ne savons pas pourquoi, Monsieur, vous ame-
nez à chaque instant sur la scène M. Thibaudeau et
M. Jomini ; nous n'avons pas intitulé le petit écrit que
vous prétendez réfuter : *Observations sur les ouvrages
de M. Thibaudeau et de M. Jomini*; mais, *Observations sur le récit de M. Thiers*. — Si M. Thiers, au lieu
de consulter les documents originaux et authentiques
qui étaient à sa disposition et qui pouvaient très-bien
ne pas être à celle de ses devanciers, a trouvé plus
commode de copier les erreurs échappées involontai-
rement à des écrivains, du reste fort estimables, il a
eu tort et grand tort, sans aucun doute; nous avons,
tout comme un autre, le droit de le lui reprocher, et
nous le lui reprochons, et nous signons. — Venons au
fait.

Selon votre loyale habitude, Monsieur, vous alté-
rez singulièrement, dans le passage auquel vous faites
allusion, nos paroles et même celles de votre client;
nous allons les rétablir, et ce sera notre unique réponse.

« Le 12 juin, le général Bonaparte, surpris de ne
« pas voir paraître les Autrichiens, ne put s'empêcher

« de concevoir quelques craintes... Fatigué d'atten-
« dre, il quitta, le 12, dans l'après-midi, sa position de
« la Stradella, et s'avança, suivi de toute l'armée,
« jusqu'à la hauteur de Tortone. » (*Histoire du Con-
sulat et de l'Empire, tome Ier, page 426.)

Sur ce, nous avons dit :

« Dans ses trois dernières lettres du 8 juin, Bona-
« parte tranquillise Berthier (qui voulait porter l'ar-
« mée en arrière, à Plaisance), en lui assurant que
« M. de Mélas ne serait en mesure que le 12 ou le 13
« (le premier Consul en avait la certitude par une
« lettre de Mélas lui-même); Bonaparte ne pouvait
« donc pas être *surpris* de ne point voir paraître M. de
« Mélas...

« *Fatigué d'attendre !*... Ne dirait-on pas que Bo-
« naparte attendit des mois entiers ! La vérité est
« qu'il ne perdit point une minute ; dès que son ar-
« mée eut effectué son pénible passage, il la dirigea
« sur Tortone ; on se mit en marche le 12... M. Thiers
« a pris décidément le parti de raconter tout le con-
« traire de ce que Bonaparte a dit et exécuté. »

Voilà, Monsieur, le texte de M. Thiers, et voilà
notre observation. Cette observation est-elle fondée
ou non? Nous le demandons avec confiance à tout
lecteur impartial.

Enfin, Monsieur, nous n'avons point parlé des *rêveries* de M. Thiers ; nous nous sommes borné à dire :
M. Thiers a pris décidément le parti, etc..., ce qui est
beaucoup plus poli; nous nous piquons d'une certaine
urbanité.

« M. de Bellune affirme que, la veille de Marengo, la con-
« fusion ne régnait point dans Alexandrie parmi les Autri-
« chiens, et que les officiers de l'armée impériale ne rejetè-
« rent point sur la faute de leur gouvernement les embarras
« de leur position. Tout cela lui semble du roman forgé par
« M. Thiers. Le général Jomini et Thibaudeau confirment de
« leur témoignage le récit de M. Thiers. »

L'armée impériale occupait une position formida-
ble ; en infanterie, elle était à peu près égale à l'armée française ; en cavalerie et en artillerie, elle lui
était de beaucoup supérieure. Elle attaqua, le 14 juin
au matin, avec ordre et vigueur ; rien de tout cela
ne fait soupçonner le tohu-bohu que représente
M. Thiers ; il eût été honteux et déraisonnable.—Les
généraux autrichiens devaient être nécessairement
mieux informés que la cour de Vienne des préparatifs
de Bonaparte ; le discours que leur prête M. Thiers
eût été, dans leur bouche, injuste et ridicule. Pour
que l'on ajoutât foi à cette confusion et à ce discours,
il faudrait des preuves irrécusables, et elles man-
quent.

Voilà ce que nous avons affirmé et ce que nous répétons.

« Dans la relation de la bataille de Marengo, M. Thiers écrit
« qu'à la pointe du jour l'armée autrichienne franchit les deux
« ponts de la Bormida. M. de Bellune accuse M. Thiers de
« faire ici une erreur de plusieurs heures, et il cite, à l'appui
« de son accusation, les rapports des officiers français consta-
« tant que l'armée républicaine ne fut attaquée que vers neuf
« heures. M. de Bellune, pour se donner le plaisir de prendre

« son adversaire en faute, joue un peu sur les mots. Tous les
« historiens du Consulat et de l'Empire font commencer la
« bataille au point du jour ; M. Thiers n'aurait donc fait que
« reproduire une erreur en quelque sorte consacrée ; mais il
« est réellement moins coupable qu'on ne veut le faire. La ba-
« taille, c'est-à-dire le feu, paraît effectivement n'avoir com-
« mencé que vers huit heures du matin ; mais l'armée autri-
« chienne s'était mise en mouvement et avait commencé à
« franchir la Bormida dès le point du jour ; c'est ce que disent
« positivement les documents autrichiens qui inspirent une si
« grande confiance à M. de Bellune, et qui, sur ce point au
« moins, doivent être exactement renseignés. »

L'anonyme fait ici patte de velours : « M. de Bel-
« lune joue un peu sur les mots... ; M. Thiers n'aurait
« fait que reproduire une erreur consacrée... ; mais
« il est réellement moins coupable... ; il paraît effec-
« tivement que... mais..., etc. » — Toutes ces tour-
nures de phrase embarrassées, dubitatives, et, pour
ainsi dire, timorées, montrent assez que l'anonyme,
in petto, nous donne pleine et entière raison. Quelques éclaircissements l'aideront à formuler cet aveu
qui semble tant coûter à sa touchante et, du reste,
bien naturelle tendresse pour M. Thiers.

Les généraux français qui eurent à soutenir le premier choc de l'ennemi s'accordent tous à dire, dans
leurs rapports, que l'armée autrichienne, rangée autour d'Alexandrie dès la pointe du jour, se mit en
mouvement sur les huit heures, et nous attaqua sur
les neuf heures. Ces rapports sont datés du lendemain même et du surlendemain de la bataille ; ils ont
donc une autorité à laquelle nulle autre ne peut être

comparée; et si des documents quelconques, écrits plus ou moins longtemps après l'événement, contredisent ces pièces irrécusables, on doit, sans la moindre hésitation, écarter ces documents trop suspects. En supposant donc que les relations allemandes, dont parle l'anonyme, ne s'accordent point avec les rapports de nos généraux, comme elles ont été écrites vingt-cinq ou trente ans après Marengo, on aurait évidemment tort de leur donner la préférence.

Remarquons, en passant, avec quel heureux à-propos l'anonyme nous répète, pour la deuxième ou troisième fois, que les documents autrichiens sont notre évangile. « Oui, s'écrie-t-il, ils vous inspirent « seuls toute confiance; la preuve, c'est que vous ne « vous en servez point !... » Puissamment raisonné ! Mais où veut-il donc en venir, cet invisible et invincible logicien, avec ces Autrichiens qu'il s'entête à nous jeter sans cesse entre les jambes ?... Il médite, à n'en point douter, quelque grosse noirceur, et le moment de l'explosion approche... Poursuivons cependant; mais, plus que jamais, méfions-nous.

Dans notre recueil, nous avons donné deux relations allemandes ; voyons un peu ce qu'elles disent : « Dès le principe, les Autrichiens furent obligés de s'éloigner de la disposition; celle-ci ordonnait de se mettre en marche à la pointe du jour; mais après la perte de Marengo et du terrain entre le village et la tête du pont, on jugea plus prudent de se mettre en mouvement plus tard... Nous ne trouvons nulle part imprimé à quelle heure commença le combat; on est

fondé à croire que ce fut sur les neuf heures... » —
Voilà ce que rapporte un des historiens allemands; il
s'était procuré des notions assez exactes, et son récit
est assez conforme aux rapports de nos généraux.
L'anonyme a eu la sournoiserie de n'en pas dire un
mot : on voit qu'il faut avoir l'œil au guet et la main
alerte pour lutter contre lui. — Passons à l'autre relation. — Celle-ci raconte en effet : « Que le 14 juin
1800, à la pointe du jour, les Autrichiens marchaient
au combat » : mais elle se contredit un peu plus bas
en affirmant : « Que l'armée autrichienne commença
à opérer son déploiement à neuf heures et à chasser
Gardanne de la Pietra-Buona. » Elle se contredit,
nous le répétons, et nous allons le prouver de manière à réduire à néant ce témoignage aussi bien
que la distinction subtile de l'anonyme entre se mettre en marche et commencer le feu.

O'Reilly, chassé de Marengo le 13, s'était retiré
derrière le pont de la Bormida, et avait conservé des
avant-postes sur la rive droite; le 14, il traversa le
pont le premier, et, le premier, attaqua Gardanne.
Or, du pont de la Bormida d'où partit O'Reilly, à la
Pietra-Buona où se tenait Gardanne, il y a à peu près
2,000 mètres; cette distance pouvait être fran-
chie en trente-cinq ou quarante minutes au pas de
route; mettons-en cinquante, à cause de la difficulté
du défilé. Il s'ensuit que si la première colonne en-
nemie s'était mise en marche à la pointe du jour, à
quatre heures du matin, elle aurait rencontré Gardanne un peu avant cinq heures ; mais il est prouvé

que l'action fut engagée vers neuf heures seulement; les Autrichiens se mirent donc en mouvement, non point à quatre heures du matin, mais sur les huit heures, comme le constatent les rapports des généraux français.

Rien de plus simple, de plus facile et de plus concluant que ce petit calcul; il convaincra, nous l'espérons, l'anonyme que nous n'avons pas *joué sur les mots,* que l'erreur de M. Thiers n'est point une bagatelle, qu'elle l'engage dans une infinité d'autres non moins graves; qu'il fait, par exemple, commencer notre retraite au moment où commença l'attaque, arriver le premier Consul à dix heures du matin, au lieu de trois heures de l'après-midi, etc., et raconte enfin une tout autre bataille que la bataille de Marengo.

« M. de Bellune s'irrite fort de ce que M. Thiers avance que
« les troupes du général Victor furent mises en déroute à Ma-
« rengo... Le général Victor s'est conduit bravement à Ma-
« rengo, etc. ; mais enfin l'énergie humaine a un terme, et,
« il faut bien le reconnaître, la division Victor fut mise en
« déroute. »

Vous avez dit d'abord, Monsieur, que nous étions un peu niais, puis, un être pétri de malice, et vous nous représentez maintenant comme un homme très-colère. Pourquoi donc, Monsieur, sans nous connaître, vous permettez-vous de nous montrer au public sous des traits aussi désagréables ? N'aurions-nous pas le droit de nous en formaliser et de vous riposter par des petits mots qui, sans être aussi spirituels que les vôtres, ne laisseraient pas d'être un peu vexatoires ? Eh bien ! nous sommes doué, *quoiqu'on die*, d'un si excellent naturel, que vos assertions, peu flatteuses à notre égard, nous égayent au lieu de nous irriter, et que, pour repousser vos injustes reproches, nous nous bornons à vous prier de lire nos observations sur la bataille de M. Thiers. Vous reconnaîtrez à chaque phrase que, loin de nous mettre en fureur, et de donner cours à l'âcreté de notre bile, nous avons pris un plaisir extrême (¹) à suivre ce récit fantastique, à contempler M. Thiers sur le champ de carnage, remplaçant à la fois Bonaparte et Mélas, et faisant exécuter aux deux armées des manœuvres sorties tout entières de sa brillante et belliqueuse imagination. Nous avons seulement osé prétendre, contre l'avis de ce grand capitaine, et nous osons encore prétendre contre le vôtre, digne lieutenant de ce héros, que les troupes de Victor n'ont pas été mises en déroute. Vous l'affirmez sans preuves, comme de coutume ; nous le nions, et, comme de coutume aussi, nous donnons nos raisons :

1° Tous les rapports de nos généraux constatent que la retraite se fit dans un ordre admirable.

2° Le premier Consul récompensa magnifiquement et Victor, et les généraux et les troupes sous ses ordres ; il se montra d'une rigueur excessive peut-être, envers les officiers et les corps qui avaient été réellement battus.

(¹) Si Peau d'âne m'était conté,
J'y prendrais un plaisir extrême. (LA FONTAINE.)

3° Il suffit de jeter un coup d'œil sur le plan de la bataille, de considérer un peu la disposition des deux armées et les circonstances où elles se trouvaient, pour reconnaître aussitôt que si les divisions aux ordres de Victor avaient été mises en déroute, Lannes, resté seul avec 4 ou 5,000 hommes, puisque, sur sa droite, la division Monnier s'était éparpillée dans les vignes, Lannes eût été enveloppé par toute l'armée impériale, la bataille eût été perdue irrévocablement, et Desaix fût arrivé trop tard.

4° Lorsque la division Desaix se forma en avant de San-Giuliano, les troupes de Victor, comme celles de Lannes, étaient encore en pleine retraite : les divisions Gardanne et Chambarlhac étant arrivées à la hauteur de Desaix, le premier Consul commanda de reprendre l'ordre d'attaque, ce que ces divisions exécutèrent en un clin d'œil ; puis elles se précipitèrent sur l'ennemi, puis elles le bousculèrent jusque par delà Marengo, où elles bivouaquèrent en avant de tous les corps français. Il est de la dernière évidence qu'elles n'auraient pu, ni reprendre l'offensive avec tant de rapidité, ni charger avec tant d'énergie, si elles avaient été dans l'affreux désarroi où il plaît à M. Thiers de les représenter. Sans doute l'extrême gauche de Chambarlhac fut un instant ébranlée, mais un seul instant ; sans doute les deux divisions de Victor avaient beaucoup souffert ; mais elles n'étaient point débandées ; sans doute elles étaient réduites de moitié ; mais ces glorieux débris étaient encore en état de combattre, de vaincre, et ils le prouvèrent.

« Nous ne pousserons pas plus loin la discussion. »

C'est dommage. Quand on argumente avec tant de charme et de succès, on devrait se montrer plus généreux envers l'avide public.

« M. de Bellune discute presque tous les détails de la ba-
« taille de Marengo. Il aurait dû d'abord reconnaître, comme
« l'a fait le général Jomini, que tous les rapports des officiers
« qui ont pris par à cette journée, présentent des contradic-
« tions quelquefois inconciliables. »

Mais point du tout, Monsieur; nous n'avons pas dû, nous n'avons pas pu reconnaître cela; mais vous qui parlez, vous n'avez donc point lu les rapports de nos généraux ?... Veuillez bien les parcourir, et vous verrez qu'ils s'accordent tous à merveille sur les circonstances essentielles, et qu'ils nous indiquent même les heures avec l'exactitude la plus rare et la plus précieuse... Mais lisez, lisez donc !...

« M. Thiers a préféré les relations françaises; M. de Bel-
« lune a préféré les relations autrichiennes. »

C'est-à-dire, M. Thiers est le Français, le patriote par excellence; M. de Bellune, pouah ! est un Autrichien renforcé... — Nous y voilà donc !
Le voilà donc connu ce secret plein d'horreur ! Le voilà donc ce coup de Jarnac qu'on nous préparait de loin, et que nous attendions avec tremblement, comme de raison !... D'honneur, c'est ici le *nec plus ultra* de la plus fine plaisanterie, de la verve

la plus sarcastique, de la bouffonnerie la plus piquante!... Aussi, ne trouvons-nous pas le plus petit mot à dire; il faut nous taire, il faut nous envelopper et nous cacher dans le manteau de Pandour, dont notre victorieux adversaire nous affuble... C'est fait!...

. . . .

. . . .

Maintenant que nous avons un peu bu notre honte, et que notre rougeur est un peu dissipée, nous relèverons timidement notre tête tudesque; puis, en aussi bon français que peut s'exprimer un inculte habitant des rives du Danube, nous tiendrons *à peu près ce langage* à M. Trois-Etoiles :

« Monsieur Trois-Etoiles, nous vous supplions de daigner lire notre récit de la campagne de l'armée de réserve, et ensuite les lettres confidentielles de Bonaparte, de Berthier, et les rapports particuliers des généraux français; vous vous convaincrez par vos yeux que notre récit est la reproduction exacte, presque textuelle de ces documents, les seuls authentiques et irrécusables; vous vous convaincrez de plus que nous avons eu recours aux documents étrangers avec une extrême circonspection, et seulement quand il y avait nécessité absolue de le faire; sans eux, avouez-le, il nous aurait été impossible de connaître et d'exposer la force, les mouvements des corps ennemis, et même les noms des chefs qui les commandaient. Vu ces circonstances absolutoires, vous consentirez, nous l'espérons, à rétracter votre arrêt, et à nous rendre nos actes de l'état civil.

que vous nous avez subtilisés dans un accès de gaieté délirante.

« Nous permettrez-vous, Monsieur, de vous adresser maintenant une petite question ?... Vous nous dites que M. Thiers a préféré les documents français ; quels sont ces documents, s'il vous plaît ?... Ce ne sont point les lettres confidentielles de Bonaparte et de Berthier ni les rapports de nos généraux, puisque M. Thiers se trouve en perpétuel désaccord avec ces pièces. Encore une fois, quels sont-ils donc, ces documents ? Ne seraient-ce point par hasard certaines relations commandées et faites après coup, à un long intervalle des événements, relations qui se contredisent et s'annulent par conséquent les unes les autres, relations qu'un historien scrupuleux doit lire par simple curiosité, mais non pour en faire usage ?... Serait-ce bien cela, Monsieur ?... Nous le soupçonnons ; mais nous serions bien aise d'en avoir la certitude, et nous osons nous flatter que vous ne nous refuserez point cette innocente satisfaction.

« Encore un mot, Monsieur, c'est le dernier. A travers votre long et sublime factum, on voit, comme à travers le cristal le plus pur, que M. Thiers, au lieu de se donner un peu de peine pour aller aux sources de la vérité, a nonchalamment étendu le bras pour puiser dans des livres non exempts d'erreurs, et surtout dans des relations où elles débordent de tous côtés... Vous refusez donc à M. Thiers l'imagination que nous nous étions plu à lui reconnaître ?... Soit... — Quant au point principal, la véracité, vous ne cherchez pas à le défendre, de sorte qu'en définitive nous nous entendons là-dessus, et, de plus, nous nous sommes toujours entendus à merveille. Il nous est arrivé ce qui arrive dans la plupart des discussions ; on argumente à perte de vue pendant des heures entières, et l'on finit par s'apercevoir que, dès le principe, on était absolument de la même opinion. Les choses étant ainsi entre nous, Monsieur, ayez la bonté, l'extrême bonté de nous tendre votre main hors du nuage qui vous cache à nos yeux, et séparons-nous, sinon amis, du moins sans fiel et sans rancune. »

Déjà nous avions essuyé notre plume avec la résolution de terminer notre réponse par ces paroles conciliatrices qui prouvent toute l'aménité de notre humeur, quand une considération des plus importantes nous contraignit soudain à nous raviser et à recourir de nouveau à notre écritoire. Nous avons pensé que nous commettrions un délit impardonnable envers nos lecteurs, si nous les privions de la péroraison de monsieur Trois-Étoiles ; en habile orateur, c'est pour ce morceau final qu'il a réservé ses plus puissants moyens : nous reprenons donc le plaidoyer où nous l'avions laissé.

« .... a préféré les relations autrichiennes. Ce que nous « avons dit plus haut montre quel parti il a su en tirer. »

Dame, Monsieur, avec ces documents-là et bon nombre d'autres, on a fait sa petite besogne du mieux qu'on a pu : il n'est pas donné à tout le monde de tirer parti d'un sujet avec la supériorité qui vous caractérise, Monsieur; tout le monde n'est pas un génie, Monsieur; et vraiment vous devriez compatir un peu plus à la médiocrité. Chêne altier, un peu d'indulgence pour l'humble roseau !... Aigle intrépide, qui planez au plus haut des airs sous les feux du soleil, épargnez le faible passereau qui s'essaye à voltiger dans l'ombre des bois.....

« Nous pouvons affirmer, vérification faite, que sur les cent « deux assertions de M. de Bellune, il n'y en a pas trois qui ne « puissent être victorieusement réfutées. »

Que l'anonyme ajoute « comme nous avons réfuté celles par nous choisies », et nous serons parfaitement de son avis.

« C'est sans doute un honorable sentiment que la piété « filiale... »

Vérité toute neuve ! merveilleuse découverte ! Mais quelle flexibilité de talent ! quelle variété de tons ! Comme notre inconnu sait passer avec aisance et toujours avec le même succès du grave au doux, du plaisant au sévère ! *C'est vraiment un charme !* s'écrierait le bon La Fontaine, et il ne manquerait pas d'ajouter :

> Sans mentir, si votre *plumage*
> Se rapporte à votre *ramage*,
> Vous êtes, etc...

Et dire que ce phénix ne veut point se montrer ! C'est désolant !...

« ..... mais il a mal inspiré M. de Bellune. »

Mal inspiré, Monsieur !... Nous le nions, et de toute la force de nos poumons !... Mal inspiré !... quand nous vous avons fourni l'occasion de déployer la vigueur irrésistible de votre dialectique, la vivacité pétillante de vos saillies, la candide loyauté de vos procédés, et une foule d'autres qualités dont l'énumération trop longue pourrait effaroucher votre modestie et faire plisser votre front pudique ! Mal inspiré !... Ah ! Monsieur, votre client, M. Thiers, est moins injuste et moins ingrat envers nous, nous en sommes certain ; il nous rend les plus sincères actions de grâces, en même temps qu'il inscrit votre nom (à lui bien connu) en lettres d'or sur son album, et qu'il range votre plaidoyer au nombre de ses plus précieux titres de gloire !

« Il y aurait eu (attention, lecteur, voici le bouquet !) il y
« aurait eu adresse et convenance à ne pas remettre en pré-
« sence les noms de Napoléon et du maréchal Victor. »

Comprenez-vous, lecteur ? Non ? c'est comme nous, et cependant ce doit être sublime. Nous avons retourné cette phrase de cent manières différentes, nous avons épuisé le peu d'imaginative à nous octroyée, pour y découvrir un sens quelconque, et nous n'avons pu y parvenir. Convaincu enfin que, pour deviner le mot de pareille énigme, nous passerions vainement autant d'heures que Bonaparte en employa, selon M. Thiers, pour trouver la célèbre position de Stradella, nous donnons notre langue aux chiens, et nous nous résignons à attendre qu'un membre de l'Académie des sciences, un Champollion-Figeac, ait l'obligeance de nous expliquer ces caractères hiéroglyphiques.

Au commencement de ce passage dont la portée dépasse si fort notre entendement, il y a cependant deux mots sur lesquels, en les prenant dans leur acception la plus simple et la plus naturelle, nous nous permettrons de faire quelques observations ; ces deux mots sont : *adresse* et *convenance*. Quant à l'adresse, nous la laissons, Monsieur l'anonyme, aux gens qui en ont besoin pour accréditer des erreurs ou pour les défendre ; quant à la convenance, nous nous attachons à l'observer en toute occasion, et, si des leçons en ce genre nous étaient nécessaires, ce n'est point à vous, franchement, que nous irions en demander.

Au moment même où l'on nous remettait votre factum, nous faisions paraître le premier volume des *Mémoires du maréchal Victor ;* nous ne craignons pas de vous dire que nous continuerons à les publier et à remettre, par conséquent, sans cesse en présence les noms de Napoléon et de Victor, malgré les admonitions, réclamations, inculpations et autres mortifications que vous pourrez juger à propos de nous infliger.

Oui, nous montrerons Victor accompagnant Napoléon dans toutes les phases de son existence, contribuant à sa grandeur et retardant sa chute, autant qu'il dépendait de lui ; encourant plus d'une fois sa disgrâce et conservant toujours son estime, lui prodiguant enfin les preuves du dévouement le plus fidèle, jusqu'à l'heure fatale où Napoléon, obligé de baisser son glaive et de déposer sa couronne, le délia de son serment, lui ordonna d'en prêter un autre, et lui-même éleva ainsi entre eux une infranchissable barrière. Victor la lui opposa lorsque Napoléon, une année après, le sollicita de la rompre ; il la lui opposa, parce que, pour lui, l'honneur consistait à tenir sa parole, l'infamie à la trahir ; il la lui opposa en lui reprochant les calamités qu'il allait attirer sur la France, mais du moins sans mêler, comme tant d'autres, à ses trop justes plaintes, la menace et l'outrage.

Séparé de Napoléon par la volonté même de Napoléon, et, depuis lors, par de nouveaux devoirs, Victor ne s'en sépara jamais par la pensée ni par le cœur ; il avait aimé sa personne sans excuser ses faiblesses, admiré son génie sans aduler son ambition, respecté son pouvoir sans en approuver les abus. Cet attachement, cette admiration, ce respect, il les conserva tout aussi purs, mais tout imprégnés désormais d'un attendrissement douloureux, pour le conquérant que la Providence avait désarmé, pour le dominateur de rois que les rois tenaient enchaîné sur un roc au milieu des mers, pour le monarque dont le front ne portait plus d'autre diadème que l'auréole sacrée du malheur ! Nous en fournirons les plus nobles et les plus touchants témoignages.

Telles sont, Monsieur, les insignes maladresses et

les grossières inconvenances que nous oserons commettre, pour peu que Dieu nous prête vie, et que le public nous prête l'oreille. Dans tout le cours de ce long travail, nous ferons en sorte de ne mériter jamais que des réfutations dans le genre de la vôtre.

Si, malgré tous nos efforts et toute notre vigilance, il nous échappait des inexactitudes, elles seraient, certes, bien involontaires; et nous supplions ici ceux de nos lecteurs qui s'en apercevraient, de vouloir bien nous les signaler; nous accueillerons leurs observations avec la plus sincère reconnaissance, et nous corrigerons nos fautes avec le plus vif empressement. Autant nous attachons de prix aux franches critiques qui ont pour but d'établir la vérité, autant nous avons de répugnance pour les chicanes déloyales qui ont pour but d'établir l'erreur et le mensonge.

Nous vous saluons, Monsieur, avec toute la considération possible.

V.-F. P. DUC DE BELLUNE.

Paris, 5 avril 18

BIBLIOTHÈQUE ROYALE

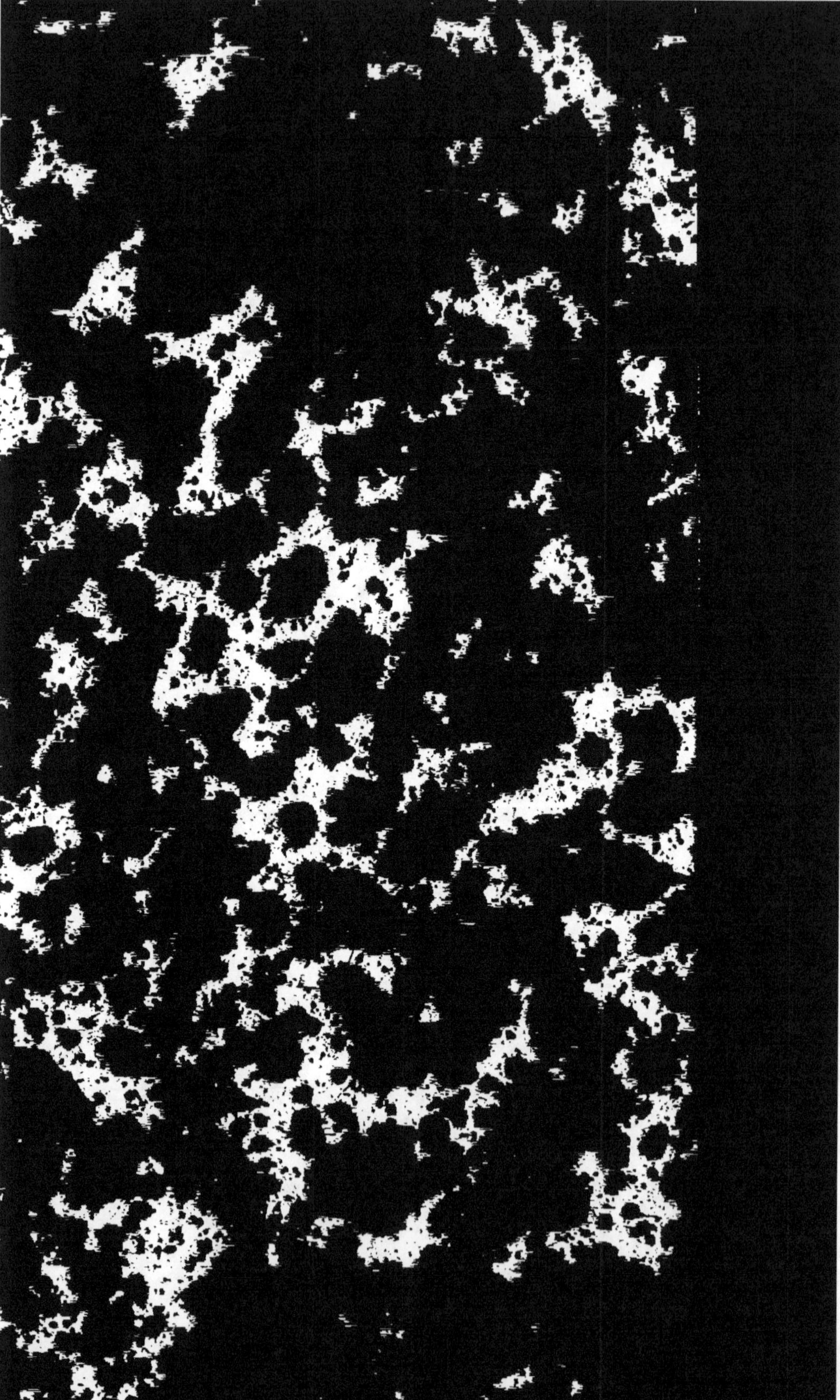

www.ingramcontent.com/pod-product-compliance
Lightning Source LLC
Chambersburg PA
CBHW061336060726
47596CB00003B/1277